一看就懂的历史通识绘本

衣食住行里的中国

衣

猫猫咪呀 编绘

YI SHI ZHU XING LI DE ZHONGGUO

YI

首批全国优秀出版社　　农村读物出版社
中国农业出版社
北京

序言

　　衣食住行是人们亘古不变的话题，是我们每天都要经历的生活内容，是日常生活最基本的需求。我们穿着的衣服，吃的食物，居住的家，以及我们乘坐的交通工具，所有的一切都是从何而来？几百几千年前的人们生活的环境又和我们的有什么不同？我们今天享受到的美好生活是怎样一点点演变而来的呢？中国历史悠久，中国人的衣食住行的演化发展也有着丰富而又深刻的文化内涵。

　　这套书根据衣、食、住、行四个主题分为四册，对古代的服饰和配饰、饮食和器具、房屋和起居、交通方式和交通工具等进行了系统性的梳理和讲解，包含的知识点有将近四百个，涉及了历史、文学、天文、自然等多个领域。每一册的内容又分为两部分，前一部分着重讲述的是衣食住行在我国从人类诞生起一直到现代的发展史；后一部分我们抛开时间轴，横向延伸出了一些孩子们感兴趣的知识点，比如古人没有洗衣粉，是怎么洗衣服的？不同民族和地域的小朋友，他们居住的房屋又有什么不同呢？还有一些很有中国特色的话题，比如"春运"这种中国独有的奇特现象是怎么形成的？桥有很多，但我们中国古代的桥又跟国外的桥、现代的桥有什么不同呢？这些问题，是不是听起来就很有趣？让孩子由兴趣引领来阅读，对知识的理解会更容易，也更透彻。

　　作为图解读物，书中大量精彩、生动的手绘插图将知识点描述得简明直白，着力为孩子们呈现出隐藏在日常点滴背后的历史和生活常识。科学、合理的版式设计使了解知识的过程变得更加轻松和有趣。富有美感的图画，鲜明的形象，丰富的色彩，在传递知识的同时启发美育，熏陶美感。

　　比如清代的"放哇哈"，要解释清楚具体怎么做，恐怕要用上几百字。但是看到图画孩子就会明白——哦！原来这种跪拜礼是要先拍拍两边的袖子，然后再甩甩胳膊啊。所有繁琐的文字，都不

及一张简洁明快的步骤图表达得更直接准确。再比如，"布衣始祖"黄道婆这样一位传说中的人物，如果要用文字表达她的一生，那可能需要一本书的篇幅，但是将她的生活轨迹融入图画之中，就如同漫画一样，融情于景，读者轻轻松松就能领悟到故事的精髓。

对于很多从小衣食无忧的孩子来说，日常生活中的很多事情都是只知其然而不知其所以然。他们吃过香喷喷的米饭，却不知道米饭竟然是从一粒种子慢慢生长而来的。春秋时有老者讽刺孔子的弟子子路"四体不勤五谷不分"，意思是说就算满腹诗书，却缺乏劳动意识，连粮食的种类都分不清楚，又怎么能说是学识渊博的读书人呢？所以，我们希望这套书带领孩子们从最日常的衣食住行学起，脚踏实地地掌握身边的知识和学习的思路，为孩子将来更为宽泛和系统的学习打下基础。

说起来，这套书完成于一年之中最好的季节，也希望阅读的快乐能同这和煦的阳光一样，照耀到每位小读者的心底。

猫猫咪呀

目　录

功能篇

时代篇

在文明诞生的最初，"衣服"便以朴素的样式应运而生了。从最初的防寒保暖、遮羞蔽体，到成为一种个性的表现，服装经历了一个漫长的过程。

旧石器时代

（距今约 300 万—约 1 万年前）

夏商西周

（约前 21 世纪—前 771）

秦

（前 221—前 207）

魏晋南北朝

（220—589）

新石器时代

（距今约 1 万—2000 多年前）

春秋战国

（前 770—前 221）

汉

（前 202—220）

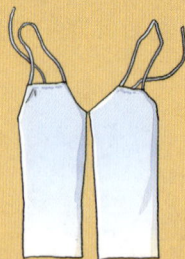

宋

(960—1279)

明

(1368—1644)

民国

(1912—1949)

隋唐

(581—907)

元

(1271—1368)

清

(1644—1911)

中华人民共和国建国之后

(1949 年至今)

衣服是怎样出现的 ——旧石器时代的骨针和"皮衣"

旧石器时代 （距今约 300 万—约 1 万年前）

在这个时期的北京周口店山顶洞人的遗址中，发现了与服饰有密切关系的 1 枚骨针和 141 件钻孔的石、骨、贝、牙装饰品，此外还有两件磨光并刻有弯曲或平行浅纹的骨角器。这些文物的发现说明以兽皮为基本材料的"原始服饰"已经出现。

制造

钻木取火

缝制皮衣

打猎归来

制陶

取材：纯天然，无添加

此时人们选取的主要是类似兽皮、植物这样的天然材料。聪明的人类使用鞣剂将兽皮软化，之后再用石片裁切成需要的形状。

捕鱼

展示皮衣

穿上新皮衣

缝制皮衣

晾晒皮衣

针的发明

针线作为古老的缝纫工具，至今仍有着不可替代的优势。北京市周口店龙骨山山顶洞出土的骨针距今约2万年，长约82毫米，针头尖锐，正适合缝制衣物。

神话中的丝与织 ——中国的纺织女神是谁?

新石器时代 （距今约 1 万—2000 多年前）

时代总是在进步的，到了新石器时代，人们终于发明了纺织技术，可以自己织布，不再依赖珍贵的兽皮。贯头衣、披单服、冠、靴等逐渐作为人类服装的品类被保留下来。而"丝"这种最能代表中国的特有面料，也伴随着一个个神话传说，悄悄地诞生了。

嫘(léi)祖养蚕

传说远古西陵部落的公主嫘祖无意中发现有只蚕茧掉落进了沸腾的水中，捞起来却成为了洁白晶莹的丝线。受此启发，嫘祖研制出了养蚕缲丝的技术，并将其推广开来。

半个蚕茧

早在六七千年前，我们的祖先就已经懂得养蚕抽丝、利用蚕丝制作各种丝织品了。我国丝绸之邦的地位，也是从新石器时代开始奠定的。

抽丝剥茧

蚕宝宝结成蚕茧之后，人们要把它变成一漂亮的丝绸，中间还需要经过几个步骤——

养蚕　　混茧　　　　　　　剥茧　　　　　　选茧　　　　　煮茧　　　　缫丝

中国的纺织女神

说起中国的纺织女神，小朋友们应该都比较熟悉，那就是出现在多个神话故事中的织女。这位织女封号天孙娘娘，别名天女。织女是传说中掌管纺织业的女神，每天负责编织云雾，同时，她还是情侣、妇女儿童的保护神。古时候每到七夕节，女孩子们都要拜祭织女，并向她祈福许愿，求取巧艺。

织造

"衣裳" 从这儿来——夏、商、西周的穿衣方式

夏商西周 (约前 21 世纪—前 771)

如果说之前人们的服饰还都停留在制作布料的基础上,对于服装的样式没有太多的要求,那么伴随着国家和封建制度的建立,政治需求在服装上逐渐显露端倪,服饰制度也逐渐建立起来。

冕服

以黑为主,带有鲜明的宗教信仰色彩,也由此建立了以冕服为中心的服饰制度。冕服是由冕冠和礼服搭配而成。夏代的冕冠纯黑而赤,前小后大。

上衣下裳 (cháng) 制

商代形成了上衣下裳制,衣服的长度大多在膝盖上下,不分尊卑男女,全部都制成上下两截。一截穿在上身,称衣,一截穿在下身,称裳,我们后人称服装为"衣裳",就是从这里来的。民间女装大体上与男装相同,区别只在于腰下系一围裙,长不过膝,称之为褛。商代王者的冕冠黑而微白,前大后小。

交领右衽 (rèn)

西周的服饰大体上沿袭了商代的服装样式而略有变化,款式相较商代更显宽松,衣袖有大小两种样式,领子通用交领右衽,不使用纽扣。一般腰间系带,有的还在腰上挂有玉质饰物。裙或裤的长度短的及膝,长的及地。此时根据身份定制的服装制度更加完善而繁复,冕服也在西周定型了。周代的冕冠黑而红,前小后大。

平民百姓

成年男子将头发盘在头顶,戴冠巾或圆箍形冠,穿窄袖,饰蔽膝。女子成年时受"笄礼",之后用笄盘头。

全民开裆裤——春秋战国时的"时装"款式

春秋战国 （前770—前221）

此时街头上的老百姓们最常穿的就是深衣了。这种将上衣和下裳缝制在一起的深衣分直裾和曲裾两种，直裾类似长袍，但色调十分丰富。而曲裾由于其裾边绕身而上，很有艺术美感，深受当时的贵族女性喜爱。不过这个时候的深衣是男女通用的。

大家都穿开裆裤

此时的裤子还没有裤裆，仅有两条裤腿套到膝盖，用带子系于腰间。

曲裾深衣

这种无裆的裤子穿在里面，如果不用外衣遮掩一下，身体就会很容易外露，这在当时是很不礼貌的事情，因此外面要套上曲裾深衣。

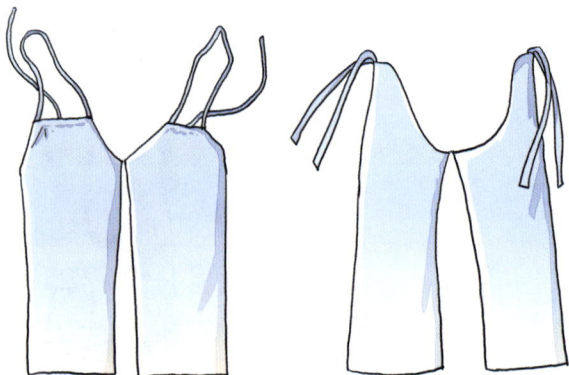

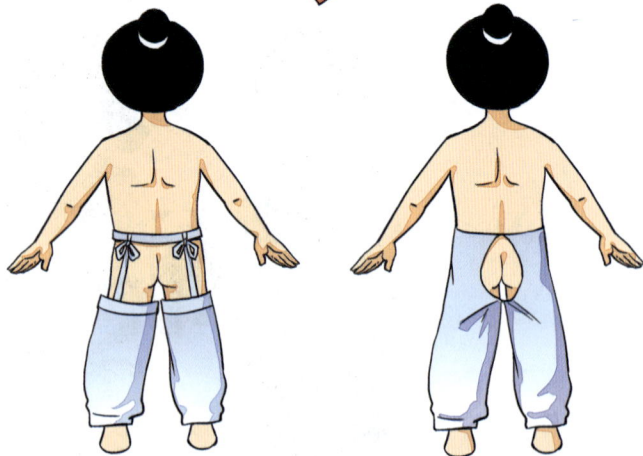

款式一　　　　款式二

曲裾款　　　　直裾款

胡服骑射

胡服是北方少数民族的服饰。不同于中原地区宽衣博带式的飘逸，胡服一般为短衣长裤和皮靴，衣身瘦窄，便于活动。首先采用这种服装的赵武灵王，是中国服饰史上最早的一位改革者。他推行"胡服"、教练"骑射"，使得胡服传入中原，成为一种普通装束。

以黑为尊——事情得从秦始皇说起

秦 （前221—前207）

朝代的更迭一般都伴随着服装制度的改变，秦朝也不例外。统一中国之后，秦始皇做的第一件事情就是废除了周朝的六冕之制，着"玄衣纁裳"。这"玄"，就是黑中带红的意思。

男女腰带不同

秦代汉服受前朝影响，仍然以"袍"为典型式样，男女日常服饰形制差别不大，都是大襟窄袖。不同之处是男子腰间系皮带，带端装有带钩，而妇女腰间只以丝带系扎。

黑色就是我的幸运色！

刘裕

不止秦人爱"小黑"

黑色如此特别，不只是秦朝对其颇为推崇，后世也有不少国家崇尚黑色。比如——夹在汉与南北朝之间的五胡十六国时期，有个叫做前赵的国家也是崇尚水德，服装颜色以黑色为尊。

此外，南北朝时期南朝的刘宋王朝也是全国上到下，推崇黑色。

秦人好黑色

相信五行相克的秦始皇推断出秦为水德，而水德尚黑，所以秦朝的所有礼服和器都偏好使用黑色。

美丽的汉服——那些关于汉服的传说

汉 （前202—220）

汉代的服饰是中国汉族的传统服饰，也就是现在大名鼎鼎的汉服。它的基本特点是交领右衽，用绳带系结，也兼用带钩等。这套衣冠礼仪体系，通过儒家和华夏法系影响了整个汉文化圈。日本、朝鲜、越南均曾颁布法律效仿汉朝的衣冠制度。

流行色的更改

汉朝在不同阶段流行的颜色经历了从黑色到黄色再到红色的演变，不再只是单一的黑色。百姓服饰的颜色则是根据阴阳五行相生相克的原理调配出来的。

秦

汉

图案多变

汉代延续战国时期的服饰风格，在图案的追求上更趋于大气、明快、简练、多变。服饰面料上图案的构图也是重叠缠绕，往往在云气纹的舒展空间里，浮动着各种飞禽走兽。

战国风格

汉代风格

留仙裙的传说

传说西汉皇后赵飞燕某天穿了一件长裙翩翩起舞，突然间风大作，宫女为了抓住赵飞燕将她的裙子抓出了皱褶，这裙却更漂亮了。从此，这种"留仙裙"便流行了开来。

赵飞燕

广袖飞舞

汉代舞者喜欢在表演时穿着超长的袖子。这种长袖其实就是将普通衣袖的袖端接长，再装上窄而长的假袖，舞动时更添飘逸。后世戏曲服装上的"水袖"可能就是由此而来。

仙气飘飘的年代 ——引领潮流的除了诸葛亮还有牧民

魏晋南北朝 (220—589)

此时是中国历史上一个政治动荡、战争频繁和民族大迁徙的时期，这就促使各民族在生产技术、文化思想乃至生活习俗、衣冠服饰等方面相互融合。这个时期的服装大多宽松飘逸，自带"仙气效果"。

裤褶服

此时的男女都穿着一种源于北方游牧民族的裤褶服。由于游牧民族善于骑射，因此大多上身穿褶，下身穿裤，一起合称为"裤褶服"。裤褶服传入中原后，为了符合汉族服饰的特点进行了改进，主要是取其广袖，改大袖口，改左衽为右衽，多作为戎装或轻便急装。

热爱宽松

由于不受衣袖的限制，魏晋的服装趋于宽松。上及王公贵族，下到平民百姓，都以宽袍大袖为美。当然，农民等重体力劳动者除外。

白衣飘飘

魏晋时期，男子以穿长衫为时尚。长衫又分单、夹两种形式，质料有绢、纱、布等，颜色多喜用白色，就连婚庆场合也要穿白衣。可以说这是一个"白衣飘飘"的年代。白衫不仅可以当常服，也可当做礼服。除了大袖衫以外，男子也常穿袍、襦、裤、裙等。

汉朝审美的复兴

此时的服装继承了汉朝遗俗，名士们大多身着宽大外衣，或者外衣内再穿上一件类似今天吊带衫的内衣，而不穿中衣。女子穿对襟衫，束腰，衣袖宽大，下着条纹间色裙或其他裙式，腰间用一条帛带系扎。不过此时的深衣与汉朝不同的是，下摆加上了各种丝织物层叠的装饰，飘带也较长，走起路来如燕子在空中飞舞一般。

帔的出现

帔始创于晋代，以后在历朝历代都是颇为流行的女装样式。帔在形状上看很像围巾，披在肩颈部，交于领前，自然垂下。

帔 [pèi]

时尚达人诸葛亮

传说诸葛亮经常在指挥军事时佩戴一种由硬质布料包裹、中间有卷褶的"纶（guān）巾"，因此这种"诸葛巾"就逐渐在文人雅士中间流行起来。

唐朝男子爱时尚 ——圆领端庄，翻领时尚

隋唐 (581—907)

隋唐时期，服饰制度越来越完备，加之民风奢华，因而服装样式和服色都呈现出多姿多彩的局面。女子除了上襦下裙之外，还有坦领装、男装等。而男装虽然在样式方面比女装单一，但在颜色上却被赋予了很多讲究，也是非常"时尚"的。

男子爱圆领

当时"潮男"的流行打扮是——身上穿着圆领袍衫，头上戴着幞头，脚蹬乌皮六合靴，腰间系着皮带。

洋气的翻领

唐朝时期，大翻领已经在我国开始流行。这种衣服样式主要来自西域地区的少数民族和印度、波斯。

彩虹般的官服

官吏服饰制度到了隋唐时期已经十分完备，分为祭服、朝服、公服、常服等。到了唐代，要根据官员品级的不同而搭配不同颜色、质料和纹样的官服。大体而言，颜色从高到低依次为：紫——绯——绿——青（后改为碧）。六品以下为绿色，五品以上为朱色，而紫色只有三品以上的官员才有权利穿着，十分讲究。

勇士的铠甲

　　唐代军事服装形制更加完备，铠甲以铁质的居多，也有以水牛皮、铜、铜铁合金和布、木材等为原材料的。其中最具艺术特色的"明光铠"就是在前胸安上两片圆形护甲，有些还会在腹部再加一片，甲片交叠，光泽耀人。

明光铠

织染署

　　隋唐两代设置了织染署，掌管织布、染色等工作，专门为皇室成员以及百官提供冠冕以及各种织品。

风格多变的仕女——唐朝女子皆是彩妆高手

女扮男装成风气

女子着男装在封建社会时期十分罕见，但唐朝时受到游牧民族的影响，气氛宽松，女子穿男装蔚然成风。

丝织技术的精进

此时已经能以彩色经纬织出各种繁复美丽的图案花纹，称之为织锦，而绣法也演变为平针绣。

晚霞般的彩裙

后唐皇帝看到五彩云霞十分美丽，于是命染坊以霞样的纱制作百褶裙，这种"拂拂娇"颇为流行。

腰线位置的变迁

虽然短襦长裙是此时女装的基本形式，但腰线的位置从隋唐到五代经历了一些改变。隋唐时期流行高腰裙，有些裙腰甚至可以直接盖住胸部，视觉上给人以修长的感觉。到了五代时期，女子襦裙的腰线位置有所降低，有些已降至腰间，更显苗条纤细。

高束腰

低束腰

杨贵妃尊崇的妆容

唐代女性不但以体态丰腴为美，更喜好在脸上画出各种妆容，从现今出土的各种唐代文物中就可见一斑。

唐朝七步化妆法

① 敷铅粉　② 抹胭脂　③ 画黛眉　④ 贴花钿

⑤ 点面靥(yè)　⑥ 描斜红　⑦ 涂唇脂

千变万化的眉毛

物质文化的丰富带动着精神文明的发展，盛唐是各类首饰、化妆品产出最为丰富的朝代，妇女们的眉形也是千变万化、多种多样。相传唐玄宗曾令画工创作《十眉图》，可以说是当时官方描眉的样本了。

唐代眉形的演变

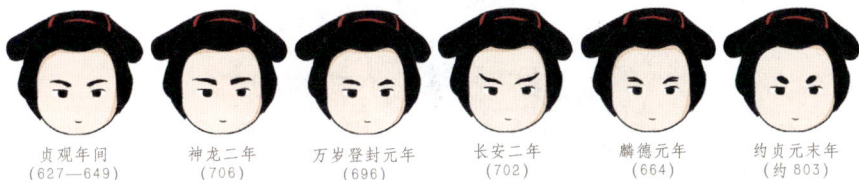

| 贞观年间 (627—649) | 神龙二年 (706) | 万岁登封元年 (696) | 长安二年 (702) | 麟德元年 (664) | 约贞元末年 (约803) |

宋朝也有"出入证" ——等级森严的幞头、鱼袋和腰带

宋 (960—1279)

五代十国之后宋王朝建立，中国终于又迎来了统一的局面。人们崇尚简朴，重视传统的沿袭。服装风格也与唐朝服饰的华贵大气不同，造型比较封闭、拘谨、保守，颜色也更严肃淡雅。色调趋于单一，不重纹饰，追求质朴天然，更加自然大方。

身份的象征

宋朝规定，官服用了紫色和绯色（朱色）者，需佩戴金银装饰的鱼袋，借此可明显区分职位的高低。其实鱼袋从唐高宗时期便已存在，但里面要装上鱼符，出入宫廷时要进行检查，就像通行证一样。但到了宋代，就不再用鱼符，而是直接在袋子上用金银装饰成鱼的形状。大文豪苏东坡就曾被赐以银色袋，荣耀非常。

幞（fú）头成为男子首服

隋唐时期的幞头发展到宋代，已经成为了男子的主要首服。从天子到百官，除了祭祀和隆重场合需要冠冕之外，一般都戴幞头。幞头的形制也和前代有所不同，官宦人家多用直脚长横翅，仆从等则多用交脚或曲脚。

大袖上衣成贵妇礼服

晚唐五代遗留下来的大袖衫、长裙、披帛等到了北宋年间依然在贵族妇女间流行，但普通妇女不会穿着。这种服装必须搭配以华丽精致的首饰，包括发饰、面饰、耳饰、颈饰以及胸饰等。

大袖上衣

▶ 戴玉环

戴玉环——不只是为了美

宋代的襦裙样式和唐代大体相同，身上的装饰除了披帛之外，还会在腰间正中的飘带上增加一个玉质的环形饰物，主要是为了压住裙子的分片，使其在走路或活动时不会迎风飘舞，影响美观，史书上称之为"玉环绶"。

梁冠

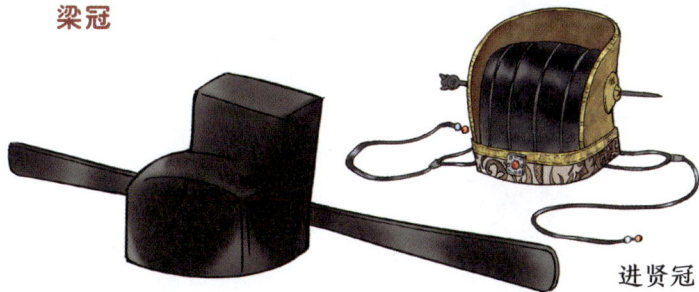

方顶直角幞头

进贤冠

带

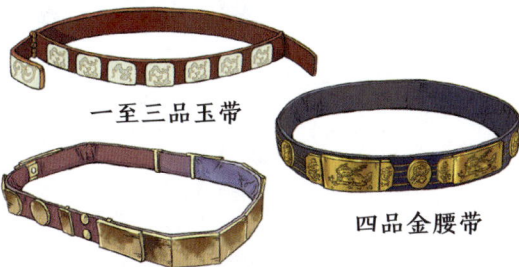

一至三品玉带

四品金腰带

七品犀角带

鱼袋

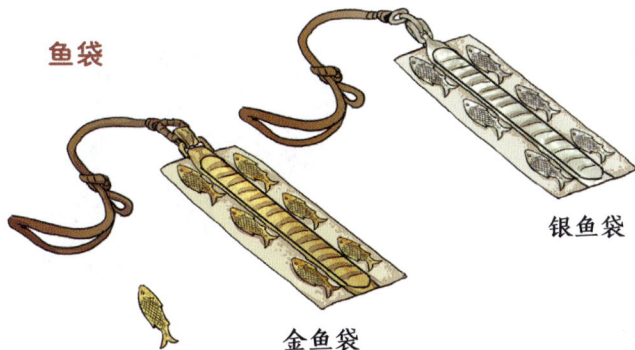

银鱼袋

金鱼袋

九品芝麻官和他的上司

　　封建社会时期的服装除了要满足生理需求之外，更多的是参与到了人们的社会角色当中。根据穿着者不同的身份、地位以及职业，服饰也有了不一样的内涵，成为一种身份地位的象征和标志。在讲究上下尊卑的古代，衣服的穿着也有着严格的规定，不是想穿就能穿的。

　　商朝时，根据品级的不同，官员们在上朝时手上拿的板子（笏 hù）的质地也有所不同。

布业始祖黄道婆——传奇女子的传奇故事

元 (1271—1368)

这是中国历史上民族大融合的时代，服装服饰也充分体现了这一点。元英宗时制定了"质孙服"制，既承袭了汉族服装又兼有蒙古民族服装的特点。元代的服饰主要以长袍为主，男女之间差别不大，用华丽的织金布料和贵重的皮毛制成。

中国纺织第一人：黄道婆

黄道婆被尊为布业的始祖，她通过在闽广等纺织技术进步地区的学习，掌握了制棉工具的用法和织崖州被的方法，并结合自身经验加以改进。黄道婆回乡后毫无保留地向人们传授技术，使得先进的织造技术得以推广。

喜欢加点金

元代的服装大量用金，其织物大量缕金，超过了以往任何朝代，这也是元代面料的一个突出特点。比较著名的有"纳石失"，这是一种织锦金，也是贵族常用的袍服面料。

交领织金锦袍

什么是质孙服？

"质孙"是蒙古语"华丽"的音译，汉语译作"一色衣"。其特点是上衣连下裳，整体较紧窄且下裳较短，在腰间打很多皱褶。质孙服原本是军装，便于骑乘等活动，在元代的陶俑及画作中都很常见。质孙服是元代达官贵人地位和身份的象征，其面料、颜色和装饰皆有严格的等级界限。

奇怪的"罟罟（gǔ）冠"

元代贵族妇女常戴着一种高高长长的帽子，叫做罟罟冠，其外形上宽下窄，像一个倒过来的花瓶。罟罟冠一般是用铁丝和桦木做骨架，外用皮、纸、绒等裱糊，再加上金箔珠花等各种饰物。后来它也作为已婚女性的象征，在新娘出嫁时使用。

黄道婆的故事

"黄婆婆，黄婆婆，教我纱，教我布，两只筒子两匹布……"——在黄道婆的故乡，今日的上海乌泥泾及周边地区，这首歌颂黄道婆的歌谣依然在被传唱着。

不堪虐待流落崖州（今海南省）

丈夫病逝，出家当道人

跟黎族人学棉纺织加工技术

推广技术，泽被后人

总结出完整的棉纺织新技术

晚年回到故乡乌泥泾

棉布是怎样织成的

搅车，即轧棉机

捍

用搅车辗压籽棉而去掉棉籽。以前的人们是徒手或用铁杖剥籽，效率低下，为此黄道婆发明了搅车，通过一对辗轴互相之间的辗轧，使棉籽与棉花分离。

弹棉弓

弹

用弹弓将棉花弹松，同时清除棉花中的杂质，可以使棉纤维更加洁白匀净，便于纺纱。

纺车

纺

纺是将棉花纺成纱线的过程。先将棉花用细竹条搓成棉条，然后在三锭脚踏棉纺车上纺成棉纱。

织机

织

通过织布机将棉纱织成布匹。利用"错纱配色，综线挈花"等特色技法，可以织出"折枝""团凤""棋局"等精美的图案。

衣服千万别乱穿——穿错颜色就可能丢脑袋的明代

明 (1368—1644)

　　明朝皇帝施行极端专制性的统治，对朝服穿着的规定也十分严格，并波及了民间服装，因此明初老百姓的服装逐渐趋向简约素净。明朝是中国市民气息最浓厚的一个朝代，其服饰文化也达到了比较发达的水平。

紫色又是得罪了谁

　　明朝公服吸收了唐代品色服的特点，但删除了紫色袍，这是为什么呢？原来是因为朱元璋喜爱红色，加之孔子又说过"恶紫之夺朱也"，从此紫色在官服中便销声匿迹了。

是"补子"不是"补丁"

　　1391 年，朱元璋对于服装定制又进行了一次更定，在官员袍服上增加了区别品级的补子，也就是一种方形绣着鸟兽图案的丝织物。补子补缀在服装胸前和后背，融入了民间吉祥的祈福心理和审美意识。和唐宋时官服由中央统一制作分发不同，明朝官员的常服可以由各级官员根据自身品级的服装规定由自己制作。后来到了清代，这个补子的形式更被发扬光大了。

孔夫子曾说过："恶紫之夺朱也。"

四品文官云雁补子

七品文官鸂(xī)鶒(chì)补子

和平門

示告

胡服之禁

其实不只是禁止穿胡服，明朝初年朱元璋下的这道"去胡令"涉及范围很广，不但恢复了唐时的衣冠制度，而且还禁说胡语、禁起胡姓名。

黄色的禁忌

有一种颜色，是明清时期普通百姓的禁忌，那就是黄色。相传黄帝就是穿着黄衣、戴着黄帽，黄色也由此产生了尊贵的意味。因此明代皇帝将黄色作为帝王的象征，除了自己之外，其他人除非天子恩赐，否则不得随意穿黄色的衣服，包括柳黄、明黄、姜黄等颜色。现代人可能觉得这种政策有些不合情理，但在当时确实有人因为违反这个规定而被判刑定罪哦。

国民礼服长袍马褂 —— 大褂和马褂有什么区别？

清 （1644年—1911年）

清军入关以后，其官服形制与汉人大相径庭，强制推行满人服饰的命令也遭到了汉人的强烈抵制。为了缓和民族矛盾，统治者发布了"十不从"的政策。清代服饰也得以充分吸收汉族服饰的精华，对传统服饰进行了一场庞杂繁缛的大变革。

朝珠

马蹄袖

数量有讲究的朝珠

朝珠是清代朝服上佩带的珠串。清朝朝珠挂在脖颈间，垂于胸前，由108颗圆珠串成，每27颗间穿入一粒大珠，大珠共4颗，称为分珠。根据官品大小和地位高低，用珠和绦色都有区别。其中东珠和明黄色绦只有皇帝、皇后和皇太后才能使用。朝珠用细条贯串，有后引垂于背后，还附有三串小珠。

马蹄袖

这是满族服饰特有的一种袖子形式，就是在本来就比较狭窄的袖口的前边，再接一个半圆形的"袖头"，因为形状像"马蹄"，所以人们都习惯地叫它"马蹄袖"。马蹄袖平日绾起，出猎作战时则放下，覆盖手背，冬季可御寒。

清代官员的顶戴花翎

我们经常在清宫剧中看到，清朝的官员头戴一顶大盖帽，上面还有一些漂亮的装饰，这可不是普通的帽饰，而是一种身份的象征哦。

所谓"顶戴"的"顶"，是指清朝官员礼帽帽顶正中那个铜鎏金的底托，而顶上的"顶珠"则称为"戴"。这个顶珠的质料、颜色依官员品级而不同。

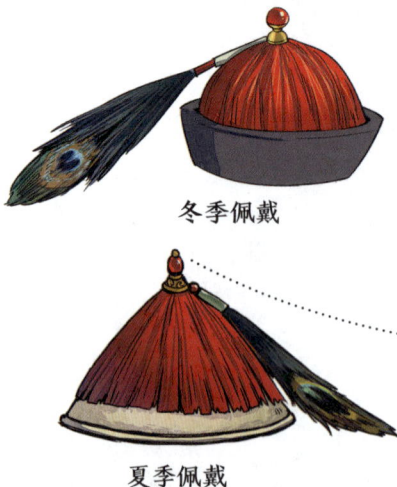

冬季佩戴

夏季佩戴

花翎是指带有"眼"的孔雀翎，"眼"指孔雀翎上眼状的圆，一个圆圈算做一眼。顶珠下有翎管。花翎有昭明等级、赏赐军功的作用。

一品官员用红宝石，二品用珊瑚，三品用蓝宝石，四品用青金石，五品用水晶石，六品用砗磲。

放哇哈与影视剧中的嘛

很多清宫戏中都曾出现这样的场景——皇帝吩咐下属去做某项工作，大臣在领命时会拍两下他们的马蹄袖，下跪说"嘛"，这种跪拜礼也叫做"放哇哈"。而"嘛"读 zhē，是满语 je 的译音，也就是"是"的意思，源自蒙古语。

放哇哈的步骤

穿了几百年的长袍马褂

长袍为大襟右衽、平袖端、盘扣、左右开裾的直身式袍，这种没有马蹄袖端的袍式服饰在清代原属便服，称为"衫"或"袄"，又俗称"大褂"。马褂则是对襟、平袖端、身长至腰，前襟缀扣襻五枚。长袍马褂是清代最常见的便服。其后民国时期，曾将蓝长袍、黑马褂定为"国民礼服"。

花盆底鞋

又称旗鞋，是清朝时满族妇女穿的一种鞋子。一般以木为底，鞋底高5至15厘米，上细下宽、前平后圆，多为十三四岁以上的贵族中青年女子穿着。传说过去满族妇女经常上山采集野果、蘑菇等，为防虫蛇叮咬，便在鞋底绑上木块，后来制作得日益精巧，发展成了高底鞋，不过这种说法并未有考据证明。

穿旗袍的摩登女郎——中式、西式，百花争艳

民国 (1912—1949)

民国推翻了清朝的统治，服装也随之发生了巨大的变化。民国政府重新颁布《服制条例》，男子服饰从长袍马褂发展到中山装和西装。而女装由宽大变得窄小，袖子由长变短，各式各样显露曲线美的旗袍成为了民国时装的标志之一。

旗袍领子高低的变迁

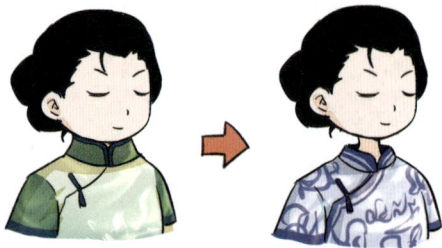

三十年代初是流行高领旗袍的，领子越高越时髦，即使在盛夏也要配上高耸及耳的硬领。之后又开始流行低领，领子越低越"摩登"。最后低到无法再低的时候，就干脆穿起了没有领子的旗袍。袖子的长度也是忽而流行长过手腕的，忽而又流行露手肘的短袖。

女装样式的多元化

民国时期，除了旗袍和袄裙，还有很多其他服饰在中国流行，比如西式的连衣裙。这种连衣裙的特点是上衣和下裙相连，收腰或束腰带，能够显示腰身的纤细。袖子也分长短袖、泡泡袖、喇叭袖等多种式样。大城市的女性还喜欢穿大衣、西装、长裙、短裙、马甲、披风等。

旗袍成为时装

旗袍原本源于满族的女性传统服装，在20世纪上半叶由民国汉族女性进行了改良。中国女性的身材相较西方更为纤细，而旗袍正能恰如其分地呈现出女性的曲线美，着装也很方便，因而显示出蓬勃的生命力。

袄裙成为文明新装

民国初期，上衣下裙的袄裙依然屹立在流行前线。上衣一般为大襟，包括琵琶襟、对襟、一字襟等多种样式，加上七分长的宽袖，滚边等装饰减少，下摆为圆角，裙下摆上升。在设计和剪裁上改变了以往单纯用直线的传统办法，开始使用弧线、曲线，使衣服更加合身适体。

亨通酒店

順天洋行

逢裁記錬

瑞記傾行

廣元書店

子包理不京有

北京行鞋

行車有大

永昌記金

莊茶李老

仁和藥鋪

店裝時亞亨

从单一走向多元 —— 审美标准不再统一

中华人民共和国成立之后 （1949年至今）

随着我国生产力水平的快速提升，人民的物质文化生活水平也在逐年提升。人们对于"时尚"有了更高的理解和追求。服装统一不再是某种制度要求下的大势所趋，由服装代表个性让街头的风景更加丰富多彩起来。

假领子

流行于上世纪七八十年代的假领子其实是真领子，但它不是一件真正的内衣。它有前襟、后片、扣子、扣眼，但只保留了内衣上部的少半截，穿在外衣里面，以假乱真，露出的衣领部分完全与衬衣相同。

喇叭裤

由于受到海外文化的影响，我国大城市从八十年代开始流行穿喇叭裤，搭配长头发和贴有商标的蛤蟆镜。但喇叭裤在当时的风评并不太好。

二十世纪六七十年代

二十世纪七八十年代

不管多大肚，都穿健美裤

二十世纪八十年代末至九十年代初,中国最流行的裤型非健美裤莫属了。它一般有很大的弹性,上宽下窄,裤脚下连着一条带子或直接设计成环状,以便踩在脚下。穿上后会产生一种拉伸感,衬托出腿部的修长和线条美。

裸露肌肤代表着什么

二十世纪末,服装领域进入了裸露时代,凉拖、吊带、破洞牛仔裤等露肤服装从街上蔓延到了工作场所,折射出人们思想观念的放开。

汉服再度流行

二十一世纪初,在大学生中出现了"汉服热",即身穿汉代人的深衣或袍子举行活动,发展到现在,已经形成了一种汉服运动,这也是以汉族为主体的中华民族借由复兴传统服饰的方式进而推广中华民族传统文化的运动。有人将此称为中国的"传统文化复兴"现象。

咔

二十世纪九十年代

二十一世纪

功能篇

在没有洗衣机代劳的古代，人们是如何清洗衣服的？

在大喜的日子里，新娘子居然穿着黑色的衣裳？

不同的职业和民族都有哪些不同的服装？

军人叔叔的军装千百年来经历了怎样的演变？

带着这些问题，让我们一起来翻开新的篇章。

古人洗衣服

的古语衣

铁血勇士

结婚穿什么

民族服饰

职业服装

古代人是怎么清洗衣服的——来看看古代的"洗衣粉"

人类很早就发现衣服可以通过清水的洗涤变得重新干净起来。但在没有洗衣机和洗衣液、洗衣粉的古代，人们只能通过手洗来解决衣服脏了的问题。不过即使如此，聪明的古代人们还是找到了不少洗衣辅助用料和用具，比如它们——

洗衣工具

古代洗衣都是在水边的石头上搓洗衣服，为了方便搓洗，人们将石头磨平然后挫出一道道凹槽，后来发展为软质的木制搓衣板。

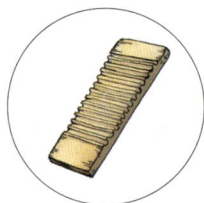

搓衣板

据说捣衣杵是住在水边的人们为了洗衣方便发明出来的。一般为木质，靠捣衣杵捶打衣服时的力量，用水把污垢带出来。

捣衣杵

唐代妇女捣练缝衣的场景

捣练

织线

熨平

古代的洗衣粉

草木灰

这是我国最早使用的"洗涤剂"，其原理是草木灰中的碳酸钾能去除油污。

石碱与香碱

金代时，人们在石碱中加入淀粉、香料，制成锭状出售。

皂角

学名皂荚，十分坚韧，将其捣碎后放入水中，能发泡去污，洗涤衣物。

澡豆

用豆粉、香料、药材等做成的颗粒，可用来洗净油污。

关于"衣"的古语——"青红皂白"的由来

富贵不归故乡，如衣绣夜行。谁知之者！

项王一定要定都关中啊！

项羽

衣锦还乡

指富贵以后穿着华丽的衣服回到故乡，也叫衣锦荣归。根据《史记》记载，楚霸王项羽攻占咸阳后，有人劝他定都关中，但项羽乡土观念很浓厚，说："富贵不归故乡，如衣绣夜行，谁知之者！"意思是说富贵了也不回到故乡，就好像穿着华丽的衣服在夜里行走，谁又能知道呢？后人便延伸出了"锦衣夜行"，慢慢就有了衣锦当还乡的说法。

白衣苍狗

这个词语指浮云像白衣裳，顷刻又变得像灰色的狗，比喻世事变幻无常，出自唐代杜甫的诗《可叹》。唐朝书生王季友的妻子柳氏不堪家境贫寒，抛弃了丈夫而去，外界不明真相，纷纷指责王季友。杜甫为王季友鸣不平，作《可叹》诗一首，感叹世事变化莫测。

天上浮云如白衣，斯须改变如苍狗。

杜甫

青红皂白

"皂"是黑的意思，青红皂白常被用来比喻事情的来龙去脉或者是非曲直。历朝历代几乎都要规定本朝崇尚和禁忌的颜色，明代百姓只允许穿着皂（黑）、白、棕褐色，而青、红是官员才能穿的颜色，因此，青红皂白最初只代表着官民身份地位的不同。

铁血勇士——从铠甲到防弹衣

军人，是对在国家军队中服役的军职人员的称呼，包括战斗人员和非战斗人员，类似古代的武士，骑士。其职责是保卫国家安全，保卫及守护国家边境，维持政府政权稳定和社会安定，有时亦参与非战斗性的工作，如救灾等。

历代军人着装

商
戎服开始出现。

西周
练甲：大多以缣帛夹厚绵制作，属布甲范畴。

秦
束腰，扎皮带，甲片用皮条或牛筋穿组，呈"V"字形并钉有铆钉。另在两肩装有用皮革制作的披膊。

汉
在军服标出了徽识主要有章、和负羽三种

南北朝
最有代表性的是两当铠，"两当，其一当胸，其一当背也"。

隋
明光铠的腿裙变得更长，戎服为圆领长袍。

唐
武官的专门戎服为缺胯衫，其上绣有各种纹饰。士兵的戎服有两种，一种是盘领窄袍，另一种就是缺胯袍唐后期出现了"抱肚"，作用是防止腰间佩挂的武器与铁甲碰击磨损。

宋
宋代军队的普通士兵作战时只有衣甲，头上戴的是皮笠子。

元
元朝甲胄的甲身全部用网甲制成，外表用铜铁丝缀满甲片，内层用牛皮为衬，制作十分精巧。

明
明代军士服饰中有一种红色胖袄，又称"红胖袄"。骑士多穿对襟，以便乘马。将士作战时穿戴的兜鍪多用铜铁制造，很少用皮革。

清
清代的铠甲在清代前期还用于作战，中期以后纯粹成了摆设，只有在阅兵典礼上还使用，戎服成了军队的唯一服饰。

现代军人

我军现役的07式军服，女兵为卷檐帽，军官冬常服为开领式，夏常服束腰，春秋常服为猎装式。

陆军　　　海军　　　空军　　　空军女兵

世界产量第一的防弹衣

我国的防弹材料技术世界领先，并出口美国、英国、法国、意大利、韩国等30多个国家，占全世界防弹衣市场份额的70%。

丛林迷彩　　荒漠迷彩　　城市迷彩　　海洋迷彩

迷彩服

迷彩服是绘有由绿、黄、茶、黑等颜色组成的不规则保护色图案，具有环境伪装功能的服装。其反射光波与周围景物反射的光波波长大致相同，不仅能迷惑敌人的目力侦察，还能对付红外侦察，使敌人的现代化侦视仪器难以捕捉目标。

古人结婚穿什么 ——新婚夫妇礼服一览

周汉

根据《仪礼》记载，婚礼当日，新郎应身着爵弁服迎娶新娘，上衣玄色（青黑）象征天，下裳纁色（浅红）象征地。而新娘则用黑色的丝带和发笄束发，身着由生丝制成的黑色衣裳，蔽膝、鞋履和大带基本都是黑色的。

唐宋

唐代的婚服融合了先前的庄重神圣和后世的热烈喜庆。新郎着绯红，新娘着青绿，这也就是所谓的"红男绿女"了。

新娘的钗钿（diàn）礼衣是晚唐时期官廷命妇的礼服，层数繁多。穿时层层压叠着，然后再在外面套上宽大的广袖上衣，雍容华贵、大气典雅。

元

此时的婚服结合了蒙古族服饰的一些特征，是比较短而紧身的长袍，在腰部设计了很多褶皱。根据《元史》记载，当时的政府禁止民间使用柳芳绿、天碧、真紫、鸡冠紫、胭脂红等亮丽颜色，因此民众即使在结婚的时候也只能穿着暗褐色的衣服。

明

和宋代相反的是，此时流行的婚服是男绿女红。平民男子迎娶妻子俗称"小登科"，可以穿青绿色的九品幞头官服。新娘则是红色大袖衫搭配凤冠霞帔。

清

此时受到满族服饰影响，新娘通常穿红底绣花的袄裙或者旗袍，外面借穿诰命夫人专用的背心式霞帔，头上戴簪红花，拜堂时蒙上盖头。新郎通常是青色长袍，外罩绀色马褂，戴暖帽并插金色花饰，拜堂时身披红帛。

民国

1928年蔡元培以及内政部长联合拟定了《婚礼草案》，规定男子可穿中式长袍马褂和西式燕尾服两种礼服，而女子则穿"白软缎礼服长裙，头戴珠冠花环，披有四米罩纱，带白手套；执手花，伴之以长青草垂地。脚穿皮鞋或白软缎皮底绣花鞋。"蒋介石和宋美龄的结婚照着装就是婚礼草案的范本。

绚丽多彩的民族服饰——各有特色，争奇斗艳

傣族

泼水节时，傣族男子会穿上无领对襟衫，以白布或蓝布包头，而女子则穿着长及脚面的筒裙，袖子又长又窄，尽显纤细腰身。

朝鲜族

回甲节里，朝鲜族儿女在向老人祝福祝寿的同时，也会穿上漂亮的民族服装。男子一般是短上衣搭配肥大的裤子，女子则多为短衣长裙，还用绸带在右肩下方打上大大的蝴蝶结。

苗族

苗年到来时，苗族男子以青布包头，身穿对襟衣。而女子则穿着对襟短衣和百褶裙。

土家族

六月初六，是土家族晒龙袍的日子，姑娘们多穿白衣，外套黑布小褂子，而小伙子们则穿着琵琶襟的短衣，裤子肥大。

满族

正月十六是走百病的日子，此时女子们会身穿长及脚面的旗袍，外罩坎肩，脚穿白袜和花盆底的绣花鞋，裤腿扎上各色腿带，结伴同行。

维吾尔族

开斋节时穆斯林们会沐浴更衣，身着盛装到清真寺做礼拜。维吾尔族男子多穿亚克太克（长外衣）、托尼（长袍）、排西麦特（短袄）、尼木恰（上衣）、库依乃克（衬衣）、腰巾等。而妇女则喜好颜色鲜艳的裙装。

彝（yí）族

火把节时要举行盛大的篝火晚会，女子多穿着右衽大襟衣和百褶裙，传统颜色为黑、红、黄，姑娘们戴着头帕。男子则穿着对襟短衣或者右大襟长衫，披着羊皮坎肩。

壮族

每逢传统三月三歌节，青年人都会盛装赴会。姑娘们以蓝黑色衣裙为主，腰间系上精致的围裙，还要带上耳环、手镯和项圈。而小伙子们则穿着对襟的唐装和宽大的裤子。

回族

古尔邦节时要举行隆重的宰牲典礼，回族男子此时要戴上无檐小白帽，而妇女则穿着大襟的衣服，盖着能够盖住头发、耳朵、脖颈的盖头，一起炸油香、馓子，宰牛等。

侗族

每年农历四月初八的姑娘节，出嫁的姑娘都要回到娘家。侗族的女孩子擅留长发，然后在发髻上饰环簪、银钗或戴银冠，佩挂多层银项圈和耳坠、手镯、腰坠等饰品。

哈尼族

捉蚂蚱节这天，全村寨的男女老少都要到田间捉蚂蚱。哈尼族的民族服饰也很美，姑娘们将银币做成纽扣，穿着右开襟的无领上衣，系着花围裙和花绑腿。男子则头裹黑色或白色包头，穿着木板鞋。

蒙古族

那达慕是蒙古族人民的盛会，此时不论男女都会身穿蒙古袍。牧区冬装多为光板皮衣，也有绸缎和棉布面料的。夏装多布类，长袍身段肥大，袖长，多红、黄、深蓝色。男女长袍下摆均不开衩，用红、绿绸缎做腰带。

一般说来，女子所穿的蒙古袍颜色更加鲜艳，腰带多选与袍子相配的颜色。传统蒙靴的特点是靴尖上翘，靴身宽大，首饰一般选用玛瑙、翡翠等，生动亮丽。

那达慕大会

你见过这些职业服装吗——医生和护士的制服不一样

医生

医生是以治病为业，挽救生命的人。在病房和门诊处工作的医生一般都穿着白大褂。

护士

产科和儿科护士一般穿着粉色的护士服。

普通病房的护士服为白色（给病人内心平静的感觉）。

手术室医护人员

做手术时，无论医生还是护士都穿着蓝色或者绿色的大褂。

99式警服

选用藏蓝色或藏青色，普通治安警、户籍警、刑警穿着。

交警

交警的衬衫一般是浅蓝色的，夏天帽体白色。

高级警官

高级警官的衬衫是白色的，区别于普通民警的浅蓝色。

法官

法官是司法权的执行者。我国的法官袍为黑色散袖口式长袍，红色的前襟配有装饰性的金黄色领扣，与国旗的配色一致。

消防员

消防员的职责主要是消灭火灾及救护服务，因此消防服必须具备耐火性、耐热性、隔热性和强韧性，防止锐利物体的冲击、碰撞等。另外，还要具有阻止化学物质对皮肤伤害的性能。

飞行员、空乘员

飞行员是指飞机或其他航空器的驾驶员。民航飞行员的制服，夏天都是白色的衬衣，冬天一般外套黑色的西服。颜色基本上全球统一，款式则因公司而有所不同。

空乘员的服装则各具特色，我国国航空员的服装颜色采用了"中国蓝"和"中国红"独具美感。

厨师

身为制作食品的专业人员，厨师的服装一般以卫生为第一要求。为了防止头发和头屑掉进菜中，厨师一般都要戴上一顶白色的高帽子。一般来说，厨师帽子的高度显示着他们技术级别的高低，经验越丰富、级别越高的厨师，帽子的高度也越高。

中国厨师

厨师工	普通厨师	厨师长
高约 10.5 厘米	高约 25 厘米	高约 29.5 厘米

航天服

航天服是航天活动中保护宇航员生命安全的个人防护救生装备。

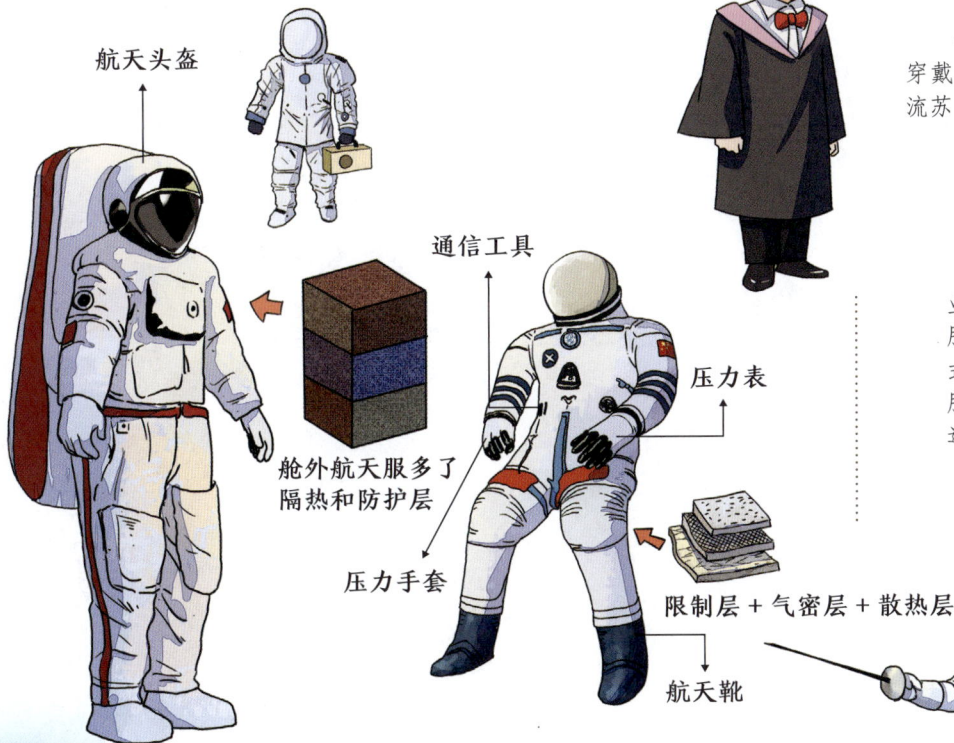

航天头盔

舱外航天服多了隔热和防护层

通信工具

压力表

压力手套

限制层 + 气密层 + 散热层

航天靴

学士服

学士服是学士学位获得者在学位授予仪式上穿戴的表示学位的正式礼服，一般包括学士帽、流苏、学士袍、垂布四个部分。

校服（学生服）

学生虽然不是一种职业，但也是一种身份。校服则是学校规定的统一样式的学生服装。我国的校服一般以简单大方、方便运动为主要特点。

滑雪

专业滑雪运动员比赛专用的竞技服一般偏于紧身样式，具有特殊保暖层，排汗效果很好。

击剑

击剑运动员佩戴的面罩网眼长度一般不能超过 2 毫米。击剑服和击剑手套由质地结实的面料制成，可以抗 80 公斤的冲击力。短击剑裤必须长及膝盖以下，并被牢固固定。

跳水

为了减少水流的阻力，跳水服一般都很紧身。

图书在版编目（CIP）数据

衣食住行里的中国：一看就懂的历史通识绘本．衣 ／
猫猫咪呀编绘．—— 北京：农村读物出版社，2023.2（2025.9 重印）
ISBN 978-7-5048-5835-1

Ⅰ．①衣⋯ Ⅱ．①猫⋯ Ⅲ．①社会生活－历史－中国
－少儿读物 Ⅳ．①D691.9-49

中国国家版本馆CIP数据核字(2023)第034052号

农村读物出版社出版

地址：北京市朝阳区麦子店街18号楼
邮编：100125
责任编辑：刘彦博
责任校对：吴丽婷
责任印制：王 宏
内容审定：李 凯
印刷：鸿博昊天科技有限公司
版次：2023 年 2 月第 1 版
印次：2025 年 9 月北京第 12 次印刷
发行：新华书店北京发行所
开本：889mm×1194mm 1/16
印张：3
字数：70千字
定价：20.00元

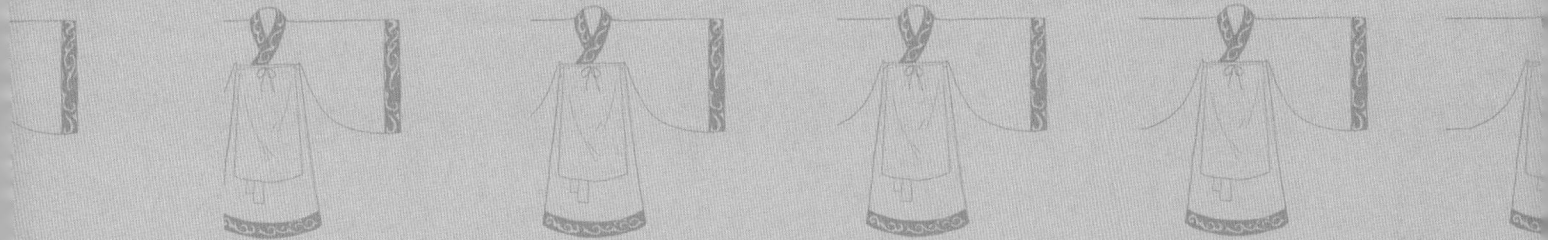

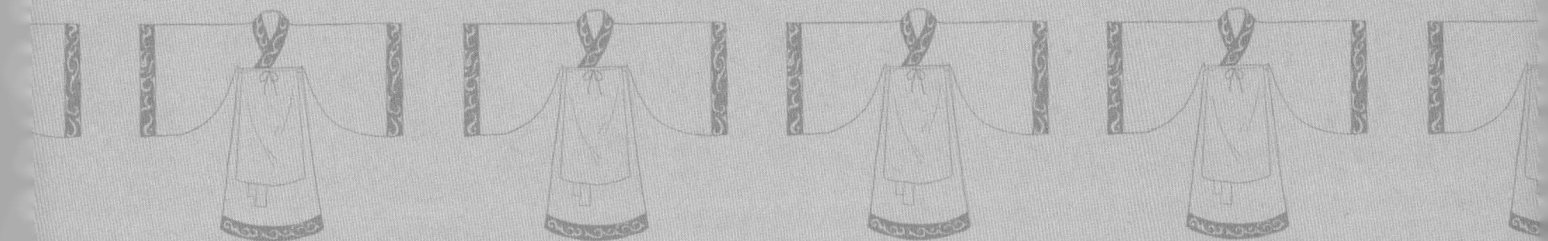